CHOSES À NE PAS FAIRE

Bruno Blanchet

CHOSES À NE PAS FAIRE

LES INTOUCHABLES

Les Éditions des Intouchables bénéficient du soutien financier de la SODEC, du PADIÉ et sont inscrites au Programme de subvention globale du Conseil des Arts du Canada.

LES ÉDITIONS DES INTOUCHABLES
4674, rue de Bordeaux
Montréal, Québec
H2H 2A1
Téléphone : (514) 529-8708
Télécopieur : (514) 529-7780
intouchables@yahoo.com

DISTRIBUTION :
Prologue
1650, boulevard Lionel-Bertrand
Boisbriand, Québec
J7H 1N7
Téléphone : (450) 434-0306
Télécopieur : (450) 434-2627
prologue@prologue.com

Impression : AGMV-Marquis
Infographie : Yolande Martel
Photo de couverture : Éric Mongeau
Maquette de couverture : Stéphanie Hauschild

Dépôt légal : 2000
Bibliothèque nationale du Québec
Bibliothèque nationale du Canada

ISBN 2-89549-012-0

Il ne faut pas se faire couper
les cheveux par une coiffeuse
vaudou.

Il ne faut pas se déguiser en mollet dans une exposition canine.

Il ne faut jamais répéter ce
qu'on entend dans les toilettes.

Les filles qui ont la manie,
comme ça, après le troisième
verre de vin, de vouloir se
mettre toutes nues, ben, faut pas
oublier que c'est l'automne,
prenez de la vitamine C.

Écologistes et environnementalistes, vous savez sans aucun doute que l'incinération et l'enterrement des morts causent énormément de pollution, parce qu'avec le temps on devient pratiquement des déchets toxiques… Alors, on vous demande de ne pas mourir en fin de semaine, mais si tel est le cas, donnez l'exemple, faites-vous moudre…

Si votre nouvelle blonde revient du dépanneur avec une caisse de douze de 50 et deux roulettes de tape électrique, ça ne veut pas nécessairement dire qu'elle a envie de faire de l'électricité en état d'ébriété.

Mettons que, dans une discussion, pour vous rendre intéressant, vous dites comme ça que vous avez lu un tel livre, alors que vous l'avez jamais lu. Bah, un petit mensonge inoffensif a jamais fait de mal à personne… Six mois plus tard, vous avez complètement oublié ça et vous vous retrouvez pogné pour en parler, devant plein de monde en plus! Surprise! Ben, c'est surtout pas le temps pour vous de paniquer et d'avoir l'air encore plus fou. Pour vous aider à garder le contrôle, procédez par étapes, calmement… Regardez d'abord le public droit dans les yeux, y a rien comme un contact visuel direct pour établir la crédibilité, prenez une grande inspiration, expirez doucement puis déchirez vos vêtements, arrachez les rideaux, faites-en un tas, mettez-y le feu, insultez tout le monde et criez des grossièretés en latin en vous roulant dans le vomi. Ça marche. Les gens croiront que vous êtes soudainement possédé par le démon et personne va vous en vouloir de pas avoir lu le livre.

Chez les Japonais, avant le repas,
on vous offre toujours une
petite serviette chaude et
humide dans une assiette pour
vous essuyer les mains et le
visage. Alors, si vous recevez
un Japonais à souper, évitez de
servir des crêpes aux bananes
en entrée.

Végétariens, ne soyez pas dupes ! Le baloney, ce n'est pas de la viande de baloune.

Parents, vous ne voulez pas que ça vous coûte trop cher de cadeaux à Noël ? N'amenez pas vos enfants voir le père Noël ! Amenez les voir le colonel Sanders.

CHOSES À NE PAS FAIRE
OU
CONSEILS POUR ÊTRE
DÉSAGRÉABLE

Tendez vingt dollars à un squeegee et démarrez en gardant la moitié du billet.

Pour l'anniversaire d'une lesbienne, parfumez-vous au Speed Stick, odeur de sport.

Dans une fête d'enfants, au lieu de confettis, lancez du parmesan.

Faites cadeau d'un cellulaire à quelqu'un de très pauvre.

Toute la semaine au bureau, imitez des humoristes.

Donnez des Ex-Lax à un chien de non-voyant.

En voiture au coin d'une rue, dépêchez-vous toujours de klaxonner le véhicule en avant de vous quand la lumière passe au vert.

Et n'utilisez jamais vos clignotants. Sauf sur l'autoroute, à 95 km/h, dans la voie de gauche.

Surtout, vérifiez bien qu'un cycliste passe avant d'ouvrir votre portière.

En bicyclette, apprenez à bien tenir le guidon d'une seule main pour pouvoir prudemment faire des fingers aux automobilistes.

Allez à l'hôpital pour montrer vos photos de vacances dans le sud à un grand brûlé.

À l'épicerie, faites tous vos achats avec la carte de guichet et trompez-vous de NIP deux fois.

Dans un avion, toutes les cinq minutes, toussez et donnez un petit coup de genou sur le dossier du siège d'en avant.

Au casino, promenez-vous toujours en riant autour des tables à mille piastres.

Revenez d'un voyage à Paris avec l'accent français.

Montrez vos fesses à un cul-de-jatte.

Louez un film à suspense au vidéoclub et effacez la fin.

Tous les soirs, dans la fenêtre du salon, regardez souper les voisins d'en face, en bedaine et en bobettes.

Commencez chacune de vos phrases par : « oui oui, je sais… »

Pognez le rhume et allez éternuer dans une boutique de lingerie.

Joueurs de hockey, attention! Il ne faut pas traiter les joueurs noirs de nègres! Par contre, vous avez encore le droit d'utiliser les expressions « fucker », « enculé », « asshole » et « chicken ». Vous avez aussi le droit d'utiliser vos poings et votre bâton.

Les gars, y faut pas porter des pantalons trop serrés quand y fait froid.

Entendu :

– Moi, dans la sécheuse, je mets
juste la moitié de la feuille
d'assouplissant, c'est en masse.
– Pis l'autre moitié ?
– Ben… j'la jette.

Bien sûr, si vous êtes malade, y faut jamais prendre un médicament dont les effets secondaires sont supposés être guéris par le même médicament.

En fin de semaine, vous avez pas besoin de dire toutes les phrases que vous auriez normalement commencées par : « Pas besoin de te dire que… »

Vous allez dans le sud et, malheur, vous vous retrouvez perdu dans le désert avec votre petite valise, sans eau ni nourriture. La dernière chose que vous devriez manger est votre bâton de désodorisant.

Ceux qui rencontrent des thérapeutes, des psychologues, ne vous étonnez pas si votre psychologue vous affirme que vos problèmes viennent de votre passé... Y a effectivement des grosses chances qu'ils ne viennent pas de votre futur.

Si vous sortez ce week-end, n'oubliez pas que, dans un couple, il y a deux personnes. Et dans un trio, il y a une frite, un hamburger et un Coke.

KING KONG

Il ne faut pas mésestimer les grandes leçons qu'on peut tirer des contes pour enfants. Aujourd'hui, tirons-en quelques-unes d'un grand classique, *King Kong*.

Il ne faut pas faire à King Kong ce qu'on voudrait pas se faire faire.

Il ne faut pas coucher avec King Kong le premier soir.

Quand on a de la peine parce que King Kong est mort, y faut pas pleurer. Y faut réfléchir.

Pis y faut pas s'acheter un toutou gorille tu suite après. ça rappelle trop de mauvais souvenirs.

CHANSON DE KING KONG

(sur l'air de King Kong)

C'était un gorille
qui n'avait jamais eu de la peine
et là y é t'arrivé la fille
et les scientifiques aux yeux de haine
lui qui ne connaissait que le ciel bleu
et la jungle des amoureux
un gorille qui voulait vivre
qui ne voulait pas mourir...

je suis en amour
j'ai confiance en moi
je regarde autour
je sais que tu es là

car tous les jours
vingt-quatre heures
ça fait king kong
dans mon cœur

oui tous les jours
vingt-quatre heures
ça fait king kong
dans mon cœur

toi le héros
des petits et des grands
tu es parti trop tôt
on a pas eu le temps de s'aimer
s'aimer s'aimer confortablement

mais tous les jours
vingt-quatre heures
ça fait king kong
dans mon cœur

oui tous les jours
vingt-quatre heures
ça fait king kong
dans mon cœur

Il ne faut pas oublier qu'un plan de carrière, c'est parfois un trou.

Si vous allez magasiner en fin de semaine, n'achetez surtout pas de veste de laine en coton ouaté.

Si vous partez pour le sud ce week-end dans un club tout inclus, rappelez-vous qu'il ne faut jamais mélanger ces deux choses : trampoline et tourista.

Si en fin de semaine votre chien fait caca sur le tapis du salon, il ne faut pas en faire un plat.

Ça fait un an que vous avez
arrêter de boire ?
Faut pas fêter ça.

Vous rêvez de faire l'amour à trois ? Économisez et offrez-vous les services d'un transsexuel ventriloque.

Si on annonce des températures sous zéro ce week-end, faites attention de ne pas vous coller la langue sur Robocop.

Vous ne devez jamais amener
un clown tibétain au restaurant
chinois.

D'ailleurs, il ne faut jamais rire
d'un clown diabétique.

Et maintenant, voici le conseil satanique de la semaine : Rrrrreeefucil llleusssaiv val au eul aim é rraiv eul ssinr illai.

Dans la belle histoire de l'humanité, y'a eu un jour une femme qui s'est fait passer pour un homme et qui a été Pape pendant un certain temps avant qu'on ne s'aperçoive de la supercherie. Depuis ce temps-là, et aujourd'hui encore, quand on nomme un Pape, juste avant la cérémonie officielle, on fait une dernière vérification. Le pape en devenir, s'assoit sur une chaise trouée, et quelqu'un (pin pin!) lui tâte les couilles. En fin de semaine, il ne faut pas penser à ça quand vous ferez vos prières.

Rappelez-vous qu'il ne faut pas éternuer la bouche pleine.
Et qu'il ne faut pas se mettre les pieds et les coudes sur la table, surtout pas en même temps.

Si jamais vous êtes en train de faire quelque chose avec quelqu'un en fin de semaine et que soudainement vous avez l'impression que vous avez déjà vécu ce moment-là exactement pareil avant dans un rêve ou dans une autre vie, achalez-nous pas avec ça.

Il ne faut jamais mettre quelque chose dans quelque chose où il ne fallait pas mettre quelque chose.

Si vous allez dans le bois et
qu'un arbre vous sourit et vous
prend dans ses bras, cessez
immédiatement de cueillir
des champignons.

Il ne faut jamais faire exploser quelqu'un qu'on aime.

Si vous prévoyez faire des rénovations à la maison en fin de semaine, prudence ! Il ne faut pas donner une claque dans le dos à quelqu'un qui a des clous dans la bouche.

Vous avez sûrement vu de ces images dures et tristes du Soudan à la télévision, ces images de famine et de misère. Ben, le boutte qu'y montrent où on voit des Soudanais maigres qui courent comme des troublés dans un champ où ils tombent des sacs de riz d'un avion, faut pas croire que c'est parce que les pilotes sont pas bons si y en a jamais un qui reçoit un sac. Ça a l'air que c'est pas le but du jeu.

À METTRE DANS LES BISCUITS CHINOIS

Si tout le monde se penchait pour ramasser un petit bout de papier qui traîne par terre, tout le monde aurait un petit bout de papier dans sa poche.

Vous aurez à faire face à plusieurs problèmes pendant votre vie.

Si tu ne veux pas te mouiller les pieds, tu te mets des bottes en caoutchouc.

Il t'arrivera peut-être quelque chose aujourd'hui ! Surtout si tu viens d'avaler ce biscuit.

Il est exactement dix heures dix, dans un catalogue près de chez vous.

Il n'est pas recommandé de lire ce papier en bobettes dans une cage à lions.

Les biscuits chinois créent une dépen-
dance.

Les biscuits chinois contiennent du fer,
de la riboflavine, de la thiacinamine et
une niaiserie sur un bout de papier.

Ti en lalan, kolo kolo wang tou pong.

Il ne faut pas confondre un kangourou avec une cornemuse. Le kangourou pourrait vous mordre.

Monsieur, si un gros méchant gars heavy et saoul couvert de tatoos vous menace avec un bock à la brasserie, n'insistez pas et retirez immédiatement votre zouzoune de sur son épaule.

Si vous fumez au lit, ne le faites jamais sans avoir préalablement retiré les draps, le matelas et le sommier, qui sont extrêmement inflammables.

Si vous allez au théâtre en fin de semaine, pendant la pièce, il ne faut pas rouler votre billet, le mettre dans votre bouche et faire comme si c'était un gazou.

VOICI QUELQUES SUGGESTIONS DE RÉSOLUTIONS À PRENDRE AFIN DE NE PAS RÉPÉTER LES MAUVAISES EXPÉRIENCES DE L'ANNÉE PASSÉE.

Au party de bureau cette année, après huit bières, je ne ferai pas mon imitation du pénis dans un bain-tourbillon.

Cette année, je n'oublierai pas de faire des trous dans la boîte contenant le chien que je veux offrir à ma blonde.

Quand on recevra la belle-famille, j'éviterai de commencer toutes mes phrases par : « Milk shake au banane, les faces de singes ? »

Je n'inviterai pas mon gynécologue à manger du sushi.

Il ne faut pas manger un couscous servi par quelqu'un qui est tout nu.

Il ne faut pas se faire nettoyer
les dents par une assistante
dentaire qui pue de la gueule.

Il ne faut jamais fermer les yeux quand on embrasse un contorsionniste.

Ceux qui ont la responsabilité de faire le Père Noël cette année, il faut pas oublier de bien vous comporter devant les enfants parce qu'ils croient que vous existez pour vrai et, à leurs yeux, vous êtes la personne la plus précieuse de l'univers. Comment vous vous sentiriez, vous autres, si Dieu, ben saoul, se penchait pour vous montrer sa raie ?

Si vous offrez une belle boîte en cadeau à quelqu'un pour Noël, vaut mieux la mettre dans une boîte laide, sinon c'est pas clair.

Malgré ce qu'on dit, il ne faut pas tourner la langue sept fois dans sa bouche avant de parler. Celui qui a fait cette déclaration-là était sur la coke.

CHOSES À NE PAS FAIRE
OU
CONSEILS POUR ÊTRE
DÉSAGRÉABLE

En voyage aux États-Unis, conservez soigneusement chacun de vos reçus et, une fois rendu au poste frontière de Lacolle, l'après-midi de la dernière journée des vacances de la construction, après cinq heures d'attente, déclarez tout en bégayant.

Chaque semaine, cachez un camembert chez une esthéticienne.

Pendant un cours de yoga, parlez de votre char et essayez d'avoir une érection.

Dans un bloc à appartements, tous les dimanches, faites du bricolage jusqu'à vingt-trois heures pile. Au besoin, utilisez un cadran.

Allez visiter un vieillard et faites semblant de parler.

À table, comptez vos kystes.

Devenez prestidigitateur et gardez toujours sur vous des oreilles en caoutchouc
pour faire pleurer les enfants.

Pendant un film au cinéma, décrivez
l'action à voix haute pour vous-même
au moins dix fois. Idéalement, cinq fois
au début, cinq fois à la fin.

Quand vous venez de serrer la main
d'un inconnu, sentez vos doigts devant
lui et remettez rapidement la main dans
votre poche.

Apprenez la flûte traversière et allez
dans le métro aux heures de pointe pour
jouer *Guantanamera*.

Le dimanche après-midi, allez vous pro-
mener au tam-tam du mont Royal habillé
en policier. Fouillez chaque balle de haki.

Monsieur, allez magasiner aux Galeries
de l'habit de Saint-Eustache habillé en
travesti et soyez très intime avec un jeune
vendeur devant son patron. Quittez-le
en disant : « À plus tard mon ti-mou. »

Vous savez, y a plein de nouvelles sortes de bière avec toutes sortes de noms qu'on connaît pas. L'ecchymose n'est pas une de celles-là. Refusez.

Monsieur, avec une dame, il ne faut jamais dire : « Fontaine je ne boirai pas de ton eau. » Il ne faut pas non plus dire : « J'en ai une p'tite pas propre, la grosse toutoune qui pue. »

Il ne faut pas se faire prendre en photo avec de la vaseline dans face.

Il ne faut jamais embarquer dans sa voiture quelqu'un qui fait du pouce avec son majeur.

Si vous envoyez la main à quelqu'un et que la personne ne vous envoie pas la main, ne vous fâchez pas. Peut-être qu'elle a une bursite.

Le billard est à la mode, tout le monde y joue, mais il ne faut pas jouer avec n'importe qui et, pendant une game, il faut toujours se méfier d'un adversaire qui calle la 8 en disant : « M'as t'a faire envaler pi m'as t'crisser la baguette dans face. »

Si vous avez soudainement très chaud, c'est peut-être que quelqu'un vous en veut et qu'à quelque part, vous servez de poupée vaudou à fondue.

Il ne faut pas oublier que si vous faites don de vos organes, votre foie pourrait sauver le grand responsable de la troisième guerre mondiale.

Entendu :

Le rêve d'un squeegee chrétien :
laver le pare-brise de la
Papemobile.

Entendu :

– Ah, j'sors à soir avec une gang de filles parce que… j'me marie la semaine prochaine !

– Hein ! Félicitations !… Allez-vous faire venir un gars tout nu ?

– Non non non… C't'un mariage traditionnel, pis après on fait un méchoui…

Il ne faut pas inviter des gens à souper à la maison et s'en aller avant qu'ils arrivent. Ça pourrait les contrarier.

Il ne faut pas mettre une grosse affaire plate sur une petite affaire ronde, parce que ça pourrait tomber.

Même dans le calme d'un sauna, il ne faut jamais oublier d'être à l'écoute d'autrui, et encourager fortement un voisin hydrocéphale à sortir quand il se met à siffler avec insistance.

BRUNO ET LA
MARIONNETTE BIBI

BRUNO

Si samedi matin, alors que vous êtes en voiture, y a quelqu'un derrière vous qui vous klaxonne et vous fait signe de vous tasser sur le bord de la route et que ce n'est pas un policier… Méfiez-vous… C'est sûrement un témoin de Jéhovah.

BIBI

J'comprends pas…

BRUNO

Excusez-moi, c'est mon fils… Qu'est-ce que tu comprends pas, mon amour ?

BIBI

Pourquoi y klaxonne, le témoin de chihuahua ?

BRUNO

Jéhovah…Y klaxonne pas, y sonne à la porte.

BIBI

Pourquoi t'as dit qu'y klaxonnait d'abord ?

BRUNO

C'est parce que, d'habitude, y viennent sonner à la porte le samedi matin, mais, là, je l'ai transposé dans un autre contexte.

BIBI

Pourquoi ?

BRUNO

Pourquoi quoi ?

BIBI

Pourquoi t'as posé le pingouin dans un autre texte ?

BRUNO

Pas le pingouin, le témoin. C'que j'fais, c'est que je dépeins une situation réelle, c'est tout! Mettons, c'est comme un tableau, j'modifie un peu les couleurs ou ben j'prends la toile et j'la retourne à l'envers ou, simplement, je concentre mon observation sur un point ben précis, et tout ça finit par devenir drôle à force d'être à la fois si proche de la réalité et, en même temps, complètement surréaliste.

BIBI

Pourquoi?

BRUNO

Pourquoi quoi?

BIBI

Pourquoi tu fais ça?

BRUNO

(Long silence où les deux se regardent, regardent la caméra, se regardent encore… réflexion)

Pour faire plaisir à mes parents… ?

BIBI

Papa…

BRUNO

Quoi ?

BIBI

Je t'aime…

BRUNO

Moi aussi, je t'aime…

(Ils s'enlacent)

Viens, on va aller manger des Honey-combs…

(Ils sortent)

Vous allez en Amazonie? Comme ici, faut jamais niaiser avec le manger dans votre assiette. Mais, là-bas, c'est parce que le manger pourrait se réveiller et vous mordre.

Si, en fin de semaine, vous vous faites opérer les yeux au laser, sachez tout d'abord qu'on vous endort pas, c'est une anesthésie locale, mais, surtout, ne vous inquiétez pas si pendant l'opération vous détectez une forte odeur, très particulière, que vous ne reconnaîtrez sûrement pas. C'est normal, car c'est plutôt rare d'avoir les trous d'nez drette à côté d'un œil qui brûle.

En fin de semaine, si vous allez magasiner, c'est ben beau, là, s'acheter des bébelles hi-tech, mais faut pas penser que, le progrès, ça nous rend nécessairement la vie plus facile. Par exemple, si Aladin avait vécu de nos jours, ben son fameux génie de la lampe serait arrivé trois mois plus tard, dans une boîte, même pas monté, avec des instructions en suédois, pis y aurait manqué deux bolts.

Après tous les films de météorites qui nous sont littéralement tombés dessus récemment, on peut comprendre que certaines personnes soient devenues craintives et aient peur de recevoir un météorite sur la tête. Malgré tout, il ne faut pas marcher à l'extérieur en surveillant le ciel, comme ça, parce que vous allez le recevoir dans face…

Il faut plutôt tendre une oreille attentive parce que avant chaque chute de météorite, on peut clairement entendre au loin : « FORE ! »

Dans un lieu public, quand on ne connaît personne et qu'on veut se faire un ami, il faut toujours éviter de jouer avec ses mamelons.

Il ne faut jamais croire un ventriloque qui pète. C'est peut-être une ruse pour vous faire mettre le pouce dans le front.

Si vous allez jouer au bowling en fin de semaine, n'oubliez pas qu'il y a plein de gens qui utilisent les mêmes boules et que les trois doigts qui tiennent la boule servent aussi à plein d'autres affaires. Lichez-vous pas les doigts.

Vous êtes un peu « peace and love », un peu grano, libre, hippie, et vous aimeriez ça pouvoir marcher pieds nus, même l'hiver ? Achetez-vous des bottes en forme de pieds, pis arrêtez de nous écœurer avec ça.

Ça a ben l'air que l'hiver est arrivé et maintenant, en principe, tout le monde devrait avoir des pneus d'hiver, mais, ça, c'est tout à fait faux! Si vous n'avez pas de voiture, vous pouvez garder vos pneus d'été.

Au Mexique, si vous vous levez
la nuit pour aller aux toilettes,
ça se peut qu'en allumant la
lumière vous surpreniez un
paquet de coquerelles grosses
de même autour du lavabo.
C'est normal, faut pas paniquer.
Dans un pays chaud, les
coquerelles profitent de la
noirceur pour se chercher des
petits coins humides afin d'y
pondre leurs œufs. Y faut juste
bien s'essuyer la raie avant
d'aller se recoucher.

Il faut toujours reconnaître les efforts d'autrui, quels qu'ils soient, et il ne faut jamais oublier qu'un gars qui dit « genre style » tous les deux mots passe six années de sa vie à dire « genre style ».

Il ne faut pas en vouloir aux gens qui sont très visuels quand ils font des fautes de frappe en parlant.

Entendu :

Je chronomètre rien. Ça détend.
J'suis rendu à trois minutes.

Entendu :

Je rêve d'organiser un safari végétarien.

Si Jésus avait été en caoutchouc,
on se serait ramassé avec des
maudites drôles de croix.

Pour passer une bonne soirée, il est simplement recommandé d'essayer d'éviter de gober des champignons magiques achetés à un étranger avant de se rendre tout seul à une blind date dans un party chez du monde que tu connais pas pour un inconnu qui vient d'Ontario dans un sous-sol au bout d'une rue en cul-de-sac pas de lampadaires dans l'bois qu'on sait jamais cé quoi qui fait c'tit bruit-là man j'capote j'veux pas rester de même toute ma vie faut que j'dorme faut que j'dorme

Y'a des gens qu'on rencontre qui sont ben gentils et qui souffrent de strabisme. Et c'est parfois gênant avec un interlocuteur qui a les yeux croches de choisir l'œil à regarder quand on leur parle. Sans les vexer, pour déterminer exactement lequel des deux yeux louche et lequel vous regarde vraiment, allez leur jaser avec une guidille sur le bord du nez.

Bien sûr, il faut faire attention à ne jamais se frotter les pieds sur le tapis avant de serrer la main à un cardiaque mouillé qu'on aime.

Si vous allez en Italie, ne soyez pas surpris si vous croisez beaucoup de gens avec les cheveux trois couleurs. Ce sont des Napolitains.

Un soir de pleine lune, un jeune homme circoncis qui fait du pouce déguisé en citron ne devrait jamais accepter d'embarquer dans un autobus de lesbiennes nazies cannibales. Même si y fait ben frette.

Si, en voiture, vous pognez les nerfs pis que vous vous battez avec le trafic, arrêtez de vous stresser inutilement et dites-vous que ça sert à rien. La route obéit à des règles non écrites très subtiles mais pourtant très simples, et ce n'est pas en conduisant agressivement qu'on se fait respecter. Non. C'est en conduisant une Impala 73 noire mat pus de caps de roues a'c du plastique dins vitres, un muffler Hollywood, des gros numéros 12 s'é portes, un dessin de tête de mort su'l hood pis plein de « fuck you » écrits tout le tour avec du sang.

Même quand on a très soif, il vaut mieux ne pas sucer le jus des feutres de ses bottes de skidoo.

Pour ceux qui ne comprennent pas l'anglais, sachez qu'il est inutile de monter le volume de la télévision.

Il ne faut pas être brusque et bête avec des couples témoins de Jéhovah qui vous tendent généreusement leurs petits papiers. Ils vous veulent du bien! Il faut plutôt leur rendre sincèrement la pareille en leur offrant un dépliant de Héma-Québec.

Si votre coach vous crie :
«Montre-moi ce que t'as dans le
ventre!», il ne veut pas
nécessairement vous voir faire
caca sur la patinoire.

Pour celle-ci, j'aimerais qu'on se concentre un petit peu… Un homme avec une barbe fait l'amour oral à une femme. Le téléphone sonne. On vous conseille de pas répondre parce qu'il pourrait y avoir confusion.

Y faut pas répéter trop souvent
les mêmes affaires.

Y faut pas répéter trop souvent
les mêmes affaires.

Y faut pas répéter trop souvent
les mêmes affaires.

Y faut pas répéter trop souvent
les mêmes affaires.

Y faut pas répéter trop souvent
les mêmes affaires.

Entendu :

Comment ça se fait que les poissons s'étouffent pas avec les arêtes ?

Si vous avez quelque chose dans votre soulier, il y a une chance sur deux que ça soit un pied.

LE PETIT CHIEN

(Bruno apparaît avec un chiot sur les genoux)

J'suis fatigué… dure semaine… Comme j'étais tout seul à la Saint-Valentin, y a une amie qui pense beaucoup à moi qui m'a offert un cadeau pour me tenir compagnie… Un petit chien.. .Je l'amène partout avec moi parce que quand y é tout seul, j'suis sûr qu'y pleure…

Mon amie a l'a juste oublié de me dire quand est-ce que ça dort, ça… À moins qu'y soit sur un shift de nuit…

J'me suis pas compliqué la vie, j'l'ai appelé Martin Bouchard. Comme un de mes amis. Y était content.

C'est un beau cadeau, mais avec les p'tits chiens, y faut rien laisser traîner. Les traîneries, ça les choque, les p'tits chiens, pis y é mangent. Surtout les pantoufles. Pis les souliers…Pis les papiers très importants… les photos de famille… les souvenirs impérissables…

D'ailleurs, y faut pas non plus laisser traîner les divans par terre. Finalement, faut faire comme si on était en apesanteur dans une capsule spatiale.

Vaut mieux s'acheter un téléphone sans fil. Un ordinateur sans fil. Un toaster sans fil.

Y faut surtout pas laisser la boîte de bouffe à chien par terre parce que, ça, ça le choque! Y mange, y mange, y mange pis y vomit. Pis y mange son vomi. Pis y vomit son vomi. C'est pas de sa faute, y é trop petit, y sait pas qu'y a pus faim.

D'ailleurs, les petits chiens ont comme une fixation sur les pieds. La nuit, y faut pas laisser ses pieds dépasser de la couverte. Ça aussi, ça les choque. Fa qu'y vaut mieux dormir dans un sleeping bag, style momie. Y fait chaud, mais c'est pratique, si tu gardes tes bottes, le lendemain matin sont ben shinées.

Fa que j'y ai acheté un os en forme de pied. Sauf que, là, y mord le nez qui sort de la momie. Mais j'ai pas trouvé d'os en forme de nez...

Bien sûr, y faut pas le prendre, le chien, quand on est tout nu. Ça aussi, ça le choque. Mais, ça, y en existe, des os comme ça... Y en a même qui font du bruit...

Quand on sort, faut pas oublier de toujours avoir un ti-sac en plastique dans sa poche de manteau pour ramasser les cacas. Faut pas oublier le ti-sac dans sa poche, après...

Quand le ti-chien fait pipi par terre, y paraît qu'y faut y mettre le nez dans la flaque pour pas qu'y r'commence. Mais le problème, c'est que quand tu fais ça, y pisse...

Mais y faut pas penser qu'un ti-chien, c'est épais, même si ça comprend rien... Vous savez, les animaux ont un instinct du danger que nous autres, humains, on a pas. Sont comme plus intelligents dans un sens. C'est peut-être pour ça qu'on voit jamais un chien avec une job à temps plein et avec un animal domestique...

En conclusion, un p'tit chien n'est pas le meilleur cadeau à faire, parce qu'on s'attache vite à ces p'tites affaires-là.

Il faut pas faire de don
d'organes à la fondation
Frankenstein.

Vietnamiens dans la trentaine nymphomanes et agoraphobes qui souffrez d'eczéma et de ballonnements et qui êtes conducteurs de Zamboni une fin de semaine sur deux, ne soyez pas malheureux… Vous êtes vraiment des gens exceptionnels.

En fin de semaine, il ne faut pas s'essuyer la face avec une débarbouillette qui pue.

Bien sûr, il ne faut pas accepter une bouchée de yogourt d'un étranger.

Il ne faut pas se fier aux apparences. Ni à ceux qui ont l'air louches.

Si en fin de semaine, alors que vous vous promenez dans le bois, il fait beau, les arbres sont magnifiques, soudainement vous tombez face à face avec un homme, un bel homme, légèrement grisonnant, assis sur une bûche, dans une clairière, avec d'un côté, un golden retriever et, de l'autre, deux Vietnamiennes et un jeune homme de race noire qui s'amusent en se lançant un frisbee… Attention! Vous êtes sur le point d'entrer dans une photo de catalogue.

Il ne faut jamais présenter
l'autre joue à celui qui vous
éternue dans face.

Monsieur, si vous avez reçu un calendrier *Playboy* pour Noël, y faut pas le raccrocher à un mois différent chaque fois que vous le consultez.

Il ne faut jamais placer un mime qu'on aime derrière une vitre.

Si jamais un matin, vous vous installez pour vous faire des toasts et que vous vous apercevez que le Cheez Whiz est passé date, un conseil : il faut juste pas en mettre beaucoup.

Il ne faut pas s'attendre à avoir un bon service dans un restaurant où le serveur a une trace de botte dans le cul.

Ça va être Pâques bientôt!...
J'voulais juste vous achaler
avec ça.

Si vous sortez vos beaux verres de cristal pour recevoir des amis et que vous en échappez un qui se brise sur le plancher… ne paniquez pas. Profitez-en pour appeler un fakir.

Bonne nouvelle : en fin de semaine, vous n'êtes pas obligé d'apprendre à jouer au ping-pong.

Dans les conversations au souper, il faut toujours faire attention à ne pas confondre le nanisme et l'onanisme. Rappelez-vous qu'il y a toujours une différence d'à peu près douze pouces entre les deux.

Il ne faut pas embrasser le sol quand on arrive dans un autre pays… On peut attraper des maladies de pape.

Et bien sûr, là-bas comme ici, il
ne faut jamais se sentir les
doigts en public.

Les jeunes, vous vous apprêtez à sortir et vous êtes en train de vous faire des tatoos ou de vous percer des trous ? Rappelez-vous que, dans le cas du piercing, il y a trois endroits où il ne faut pas se mettre des boucles d'oreille : dans un œil, dans un poumon et en prison. Ceux qui souffrent de dyslexie, dans le cas où vous vous faites piercer par quelqu'un d'autre, soyez doublement prudents avec les mots « langue » et « gland ».

Y faut jamais faire confiance à deux joueurs de football qui vous courent après avec un baril de Gatorade.

Il faut jamais ouvrir la porte de sa maison à quelqu'un qui porte un masque de gardien de but.

Il ne faut pas rire de sa blonde quand elle achète du savon à vaisselle avec de la vitamine E dedans pis qu'a lave la vaisselle avec des gants de caoutchouc.

Si vous allez à la campagne en fin de semaine pour faire de l'équitation, souvenez-vous de ne jamais vous pencher derrière un cheval. Dans le cas de certaines personnes, il vaut mieux ne pas se pencher devant non plus.

Il ne faut pas aller dans un centre de thalassothérapie l'hiver quand on offre la journée portes ouvertes.

CHOSES À NE PAS FAIRE
EN ÉCHASSES
AU-DESSUS D'UN CANAL :

– Philatélie

– Amuser un enfant avec ses clés

– Enlever les verres de contact de quelqu'un

– Un château de cartes

– Une tour Eiffel en bâtons de popsicle

– Un casse-tête de 1250 morceaux

– Une opération au cerveau

– Une greffe du foie

– Une partie de yum

Si quelqu'un vous menace avec un arc et une flèche, ne paniquez pas! Mettez-vous rapidement une pomme s'a tête.

Il ne faut jamais prêter son partiel à un inconnu, surtout si vous ne le connaissez pas.

Il faut pas se mettre des aimants
à frigidaire sur les plombages.
C'est ridicule.

Il ne faut jamais accepter un pogo d'un prestidigitateur nain.

Il ne faut jamais frapper un clown à genou. Laissez-le se lever.

Ça sert à rien de chialer contre l'arbitre quand on regarde le hockey à la télévision dans un autre pays.

Si vous avez un animal
domestique venimeux,
ne l'embrasser jamais avant
de vous coucher.

Il ne faut jamais consommer
un poison qui se trouve dans
une bouteille dont le sceau
de sécurité a été brisé.

Pour faire des bébés nachos, mettez un nacho mâle sur un nacho femelle. Évidemment, le nacho mâle, c'est celui qui a la moustache.

En fin de semaine, offrez donc
une hostie à un squeegee.

Y faut prendre son mal en patience et y faut pas se plaindre si on a des brûlements d'estomac quand on vire une brosse à l'alcool à fondue.

Vous mourez d'inquiétude car votre athlète n'est toujours pas rentré à l'heure du souper ? Ne paniquez pas. Secouez simplement des médailles à la fenêtre.

CHOSES À NE PAS FAIRE
OU
CONSEILS POUR ÊTRE
DÉSAGRÉABLE

Mangez des tonnes de féculents et faites de la spéléologie avec des touristes français.

Au golf, pour le plaisir, formez un *four-some* avec des inconnus meilleurs que vous et trichez grossièrement. Demeurez toutefois toujours très sympathique.

Faites de la motomarine le plus souvent possible. Les autres jours, lavez-la avec des Q-tips dans le drive-way en écoutant du disco à tue-tête.

Devenez membre de Greenpeace. Puis faites du porte-à-porte avec des bottes d'armée et un casque de raton laveur s'a tête en traitant de fifs tous ceux qui ne sont pas encore membres.

Faites-vous construire une clôture juste un peu plus haute que celle de votre voisin, drette collée sur la sienne, et peignez le dessus en seinant dans sa cour chaque fois qu'il a de la visite. Pendant que vous peinturez, chantez *Guantanamera*.

Lisez tous les romans policiers populaires et publiez les noms des coupables dans les annonces classées en gras et en majuscules, juste à côté de l'horoscope.

Lâchez une chauve-souris dans un petit salon de coiffure.

Le jeudi, sortez sur la rue Saint-Denis avec un canot sur la tête et arrêtez les passants pour leur quêter de l'eau.

En public, ne ratez jamais une occasion d'enlever vos bas et de vous asseoir en indien.

Essayez de convaincre un manchot de prendre des cours de taï chi. Amenez-le devant le centre, restez dans la voiture et amusez-vous en le regardant frapper à la porte avec sa tête. Imaginez ensuite le reste.

Faites discrètement brûler de l'encens hindou à la Cage aux sports.

Faites croire à un inconnu qu'il est le sosie tout craché de Paul, un de vos anciens chums. Expliquez-lui ensuite que son sosie vous doit 50 dollars mais qu'on peut arranger ça pour 25 dollars tout de suite vu qu'il est plus petit et on en parle plus ou sinon vous lui pétez la gueule.

Devenez témoin de Jéhovah, de nuit.

Et surtout, finalement, soyez vous-même.

Aucun animal n'a souffert pendant le tournage. On les a tous mangés…

Les jeunes, vous savez, quand on vous demande de vous rapprocher de la nature, ça ne veut pas dire d'aller dans la forêt pour sniffer de la colle à bois.

Les mauvaises langues affirment souvent que le clown est un animal complètement inutile. Eh bien c'est faux. Si le corps de l'homme est constitué à 70 % d'eau, celui du clown est constitué à 70 % de crème fouettée et, quand on presse un clown au-dessus d'un café, on obtient un excellent cappuccino.

Malgré ce qu'on raconte, il n'est pas difficile de vérifier si un clown au four est bien cuit et prêt à servir. Le nez du clown, quand il est à point, colle au plafond.

Il ne faut jamais se brosser
les dents avant de manger
du Velveeta.

En fin de semaine, ne vous laissez surtout pas impressionner par un contorsionniste lépreux. Souvent, il triche.

Quand on aime se lever la nuit
et aller à la cuisine ouvrir la
porte du frigidaire pour admirer
en silence la réflexion de son
sexe sur la surface d'un bol de
Jello, faut surtout pas en parler
à personne.

Pour terminer, on dit souvent: «Si tu veux, tu peux». Mais des fois après, faut qu'tu coures en criss.

Les gens qui n'ont pas de mémoire ne devraient pas se décourager. Ils n'ont qu'à lire leur horoscope le soir, au lit.

On dit que, dans les autres pays, on peut attraper le sida en s'asseyant sur la bol. C'est faux. Sauf bien sûr si le dernier occupant de la toilette y est toujours assis.

Si vous allez sur le bord d'un canyon où il y a de l'écho, de grâce, ne criez pas votre NIP.

C'est beau…c'est cute…c'est bon…c'est plein de couleurs…c'est populaire… ça respire la joie de vivre… ça pourrait presque se partir une secte…Il faut jamais faire confiance à un yogourt.

Entendu :

Si une nageuse synchronisée se noie… qu'est-ce qu'elles font les autres ?

LE PAUVRE PETIT MONSIEUR
PAS DE COU

Le pauvre petit monsieur pas de cou
toujours pogné s'a pointe des pieds
y a pas de cravate pis pas de collier
Y respire mal a'c un col roulé
Y a de la misère des fois à s'gratter
à se gratter

mais y est toujours capab' danser

Le pauvre petit monsieur pas de cou
Y fête Noël pis y é pas gêné
Y aime ça aller chez a parenté
Y s'bourre de Halls mentholyptus
Pis y fait semblant qu'y tusse
qu'y tusse
Mais y é toujours capab' danser

Le pauvre petit monsieur pas de cou
Y é myope pis y aime le sport
Y se met du tsour quand y sort
Y sue du derrière en r'gardant l'tennis
Y a la tête vissée sur le coccyx

Mais y é toujours capab' danser

Le pauvre petit monsieur pas de cou
des fois y s'fouille dans l'nez
Ça y arrive même de s'étouffer
pis quand y éternue des fois ça pue
y a le nez au boutte de l'os du cul

Mais y é toujours capab' danser

Y faut pas faire de la peine
aux singes.

_____